Apóstol Samuel Cameroun

SOLO HAY UN BAUTISMO

Apóstol Samuel Cameroun

SOLO HAY UN BAUTISMO

Efesios 4: 5

CREDO EDICIONES

Cover image: www.ingimage.com

Publisher:
CREDO EDICIONES
is a trademark of
International Book Market Service Ltd., member of OmniScriptum Publishing Group
17 Meldrum Street, Beau Bassin 71504, Mauritius
Printed at: see last page
ISBN: 978-613-4-40465-5

Vigésimo Estudio Bíblico / 27

SOLO HAY UN BAUTISMO

Efesios 4: 5

¡Para ti!

Recordamos que este estudio bíblico, **"¡ Hay un bautismo! "** *es parte de una serie de siete mensajes doctrinales fundamentales inseparables; de Efesios 4: 4-6. Para Proverbios 9: 1 " La sabiduría edificó su casa; Labró sus siete columnas". "*

Toda la colección se titula " **¡Quien lee, preste atención! Otras Buenas noticias! ".** *Consta de* otros 20 estudios bíblicos, *que lo complementan. ¡Todos estos estudios bíblicos han sido diseñados para su crecimiento y edificación espiritual!!!*

La paz de Dios en el interior, el gozo de Cristo en el exterior...

INDICE

RESUMEN

Si hubiera habido varios tipos de bautismos en la Biblia, fue en la forma en que nos quiera comprender el significado de la Epístola s particularmente los romanos, en conexión con un bautismo apostólico como un símbolo de la muerte de Cristiano, uniéndose a la de Cristo? *Romanos 6: 3-14* *" ¿No sabéis que todos los que hemos sido bautizados en Jesucristo, fue en su muerte que fuimos bautizados? Por tanto, fuimos sepultados con él por el bautismo en su muerte, para que, como Cristo resucitó de entre los muertos por la gloria del Padre, para que también nosotros caminemos en novedad de vida. Porque si nos hemos convertido en una planta con él por medio de la conformidad a su muerte, también seremos uno por la conformidad a su resurrección, sabiendo que nuestra el anciano fue crucificado con él, para que el cuerpo del pecado fuera destruido, para que ya no seamos esclavos del pecado; porque el que está muerto es libre de pecado. Ahora, si morimos con Cristo, creemos que lo haremos también vive con él, sabiendo que Cristo resucitado de entre*

los muertos ya no muere; la muerte ya no tiene poder sobre él. " Pero ¿puede el Dios de nuestro Señor o su Espíritu Santo morir también hasta el punto de causar bautismos en el nombre del " *Padre o del Espíritu Santo* ", ¿ya que el bautismo significa muerte? Entonces, ¿de qué poder pueden haber estado investidos los fieles de Cristo, hasta el punto de " *bautizar en el nombre del Padre o en el del Espíritu Santo* " en las iglesias contemporáneas? ¡Ya que ninguno de nosotros ha sido oyente de la palabra hablada de Cristo, ni ha sido elegido para escribirla, hasta el punto de impugnar la práctica del bautismo, cuyo cumplimiento se remonta a una doctrina apostólica! Casi todas las denominaciones, paradójicamente, han a cordado a bautizar " *En el nombre del Padre, del Hijo, y del Espíritu Santo* ", en contra de la práctica doctrinaria de los escritores fieles de la Biblia . Lo que está en juego en este desvío implica intenciones
anticristianas. Por tanto, cuidémonos
de desafiar las Sagradas Escrituras, en particular contra la inamovibilidad decidida por su Autor . El correo carácter antiguo de la

Biblia, no disminuye su noticia perenne. Porque el sabio profeta Simeón, el sacerdote, había advertido claramente: " *Este niño está destinado a la caída y la recuperación de muchos en Israel, y a convertirse en una señal que provocará la disputa.* *Lucas 2:34* Porque las iglesias colectivamente se han perdido a sí mismas a través de la doctrina no bíblica de "La Trinidad" . Es el famoso versículo bíblico de *Mateo 28:19* " *Id, haced discípulos a todas las naciones, bautizándolos en el nombre del Padre, del Hijo y del Espíritu Santo* " que vino a ser de la columna que consolidó el espíritu. del desvío del mundo entero, que la Biblia califica como " *Babilonia la Grande, la Madre de la ramera* " de *Apocalipsis* 17

.

PRÓLOGO EN . ..

Colección de la serie cristiana:

'' ¡ AQUEL QUE HAY QUE HACER ADVERTENCIA! ''

(Mateo 24:15)

Durante el transcurso de nuestro caminar espiritual, nos acercaremos a los fundamentos de la sana doctrina cristiana que es el pilar y el soporte de la verdad. Según el apóstol Pablo, animando a su fiel compañero en *1 Timoteo 3: 14-15,* le escribió: '' *Te escribo estas cosas, con la esperanza de llegar pronto a ti, pero para que lo sepas, si me demoro., cómo debemos comportarnos en la casa de Dios, que es la Iglesia del Dios vivo, columna y sostén de la verdad .* '' Siguiendo al apóstol Pablo, los estudios de esta serie, a lo largo, unirán los temas bíblicos. doctrina a los de la profecía, porque Jesucristo exhorta fraternalmente a la Iglesia que es `` Miembro de su Cuerpo está siempre presente junto a su familia. Para ello, las enseñanzas de la presente colección se basarán principalmente en los libros conjuntos del *Apocalipsis* (*Apocalipsis*), yuxtapuesto con el de *Daniel,* para confirmar esta buena nueva del mensaje del evangelio. Ya que, al final de los siglos, la doctrina evangélica, los diez mandamientos de Moisés y la profecía fueron preciosamente recomendados a los cristianos genuinos, para servir como su compa ss en la oscuridad de la oscuridad del mal. Esto se debe al espíritu de desconcierto que llevó a la apostasía doctrinaria, ahora muy popular, entre todas aquellas comunidades de cristianos que afirman que la Biblia llama " *¡ Babilonia la grande, la madre de lo prohibido!* " » Apocalipsis 17: 5.

Además, debemos buscar a Dios con todas nuestras fuerzas, ¡nosotros que somos la generación al final de la historia de este mundo destinada a su inminente y eterna ruina! Es solo Jesús, quien ha determinado las condiciones de su salvación para cualquiera que sinceramente quiera escapar saliendo de este mundo impío. Por lo declara solemnemente: " *nadie puede venir a él, si el*

Padre no lo atrae . .. " Sin embargo, una vez que vienen al Señor, nosotros también saber que Jesús añade: " *nadie puede llegar a Dios sin pasar a través de él (Jesús)* " . Finalmente, ¿cuál es el objetivo de nuestro caminar cristiano? ¿ Y qué es la Iglesia de Cristo? ¿Puede ser una organización denominacional? - ¿Las Asambleas Cristianas tienen que depender de alguna agencia gubernamental para probar que son la Iglesia de Cristo?

Mientras los verdaderos cristianos se preparan para afrontar la peor persecución de la historia santa, por el " *666* " que pronto condicionará a todo hombre, - ¿Deberían nuestras finanzas, como los diezmos, comprometerse para ganarnos el cielo? - ¿Está Cristo todavía presente en estas denominaciones llamadas Iglesias? - ¿Quién debería ser la cabeza de la Iglesia de Cristo? - ¿Cómo se están construyendo actualmente las comunidades cristianas bajo el único Pastor, Jesucristo? - ¿Tiene la Iglesia de Cristo líderes visibles? - ¿Puede esta Iglesia de Cristo mantener la corrupción? ¿Puede comprometer tan poco nuestra salvación por algunas doctrinas no bíblicas? ¿Qué iglesia de hecho hoy está perfectamente de acuerdo con la santa voluntad de Cristo revelada en la Biblia?

Para todas estas preguntas y tantas otras que sin duda olvidamos, la colección `` *Que los que lean, presten atención* ", ofrece exclusivamente respuestas bíblicas sencillas y bastante completas según cada tema abordado. Las respuestas a estas preguntas anteriores en enunciado, digámoslo, solo se darán a los corazones humildes, por eso esta serie cristiana *"Tenga cuidado el que lee"*, es una serie de mensajes vivos. Fueron diseñados con las necesidades espirituales de nuestra generación en mente, especialmente las profecías que la Biblia, a través de la revelación y la enseñanza doctrinal de Cristo, los apóstoles y profetas de la antigüedad, nos invita a escudriñar día y noche sin descanso. en una vida de oración, su cumplimiento, a fin de darnos la fuerza para comparecer ante el Hijo de Dios en el último día. Aquí está la promesa de Cristo a su Iglesia: " *Al que venciere y guarde mis obras hasta el fin, le daré autoridad sobre las naciones.* » *Apocalipsis 2:26*

NB: A menos que se indique lo contrario, las referencias bíblicas citadas en los estudios están tomadas de la versión de las Sagradas Escrituras (Louis Second). Y para cada tema, puedes consultar el resumen Por la indicación ordinal (pregunta-respuesta), cualquier reacción en particular, podría provocar un apoyo bíblico y / o comunitario personalizado, por pequeño que sea, ya sea que te manifiestes en nuestro sitio web, por llamada telefónica de WhatsApp. o en nuestra dirección de correo electrónico marcada en la parte inferior de cada página.

De este modo, la Iglesia les presenta una serie de " *27 estudios bíblicos* ", complementando la mayor cantidad de mensajes de video y audio en una versión electrónica descargable desde el sitio web *www Christians-Église.org* . ¡Todo esto por igual número de folletos, que se ofrecerán gradualmente, como el Señor Yahvé Dios provee con misericordia y gracia en Jesucristo!

Toda esta colección se ofrece de forma gratuita, con el fin de respetar el espíritu de Cristo que nos recomendó donarla, ya que la recibimos gratis:

¡ENTONCES NO DEBE A NADIE VENDER ESTA PALABRA DE DIOS!

Pero primero, lo invitamos a recibir la carta del autor escrita para sus lectores. Esta carta podría servir como hoja de ruta y guía educativa. Sin embargo, nunca es cristiano creer que nuestro Señor actuará de manera idéntica en todos los casos, durante tu crecimiento espiritual o durante el ministerio pastoral de evangelización a través de ti. Es por ello que, una vez más, los invitamos a permanecer atentos a su voz espiritual, a través del canal infalible que representa para cualquiera, la lectura asidua de su palabra, la Biblia .

Hermanos y hermanas, que la paz de Dios que sobrepasa todo entendimiento, guardará vuestros pensamientos en Cristo Jesús! "

Acoger, tomando con la Iglesia, el pequeño y estrecho camino que conduce a la eternidad, y del que sólo el Hijo de Dios es Guía y Soberano Pastor . ..

En primer lugar, le aconsejaremos durante su estudio bíblico que sea crítico con el significado de las doctrinas que abordarán estas santas cartas. En esto, seguirás las recomendaciones de los Apóstoles según Hechos 17:11. " Estos judíos tenían sentimientos más nobles que los de Salónica; recibieron la palabra con gran entusiasmo y examinaron las Escrituras todos los días para ver si lo que se les decía era correcto. "

A medida que crece como cristiano, lea su Biblia con regularidad. Escuche al Espíritu Santo. Comparta esta riqueza con otros. Sea generoso, especialmente con los que le rodean. Sepa cómo fomentar las iniciativas de estudios comunitarios. Pon a prueba a quienes con espíritu de vana crítica te acusarán de sectario. Lucha sin dejarte distraer por los enemigos de tu alma. Simplifique su vida cristiana. Ayude a los pobres de su vecindario, comenzando por los miembros de su familia. Participe en campañas de evangelización pública. ¡Explota todos los nichos de la comunicación y difunde las buenas nuevas como sembradores de vida!

No ignore a nadie en sus oraciones. Invoca el favor de Yahvé Dios a los que te escuchan, pero también a los que te resistirán. "No tengas enemigos..., vive en paz con todos... y mantente en perfecta armonía... ", con toda la Iglesia de Cristo local en el país, ciudad o distrito de tu residencia.

Hermanos y hermanas, " huid del pecado " y " sed santos " porque " nuestro Dios es Santo. " Y en agradecimiento a Dios por haberte salvado y enviado ", cántale constantemente y cánticos espirituales bajo la inspiración de su Espíritu. "

Como has " recibido gratis ", ¡no rompas esta cadena de solidaridad! Con los nuevos discípulos, comience presentando el evangelio y luego aborde los temas doctrinales según su audiencia y sus necesidades espirituales. Podrás elegir los temas que más te convengan, obedeciendo la voz del Espíritu Santo. Y como el " eunuco etíope " debes saber que Cristo se les unirá en el camino cuando te tomes la molestia de enseñárselo, especialmente a los jóvenes. Entréguense a sus Hermanos Cristianos " como ofrenda a Dios ", porque " la mies es mucha pero los obreros pocos. " Además, recuerda la promesa de Cristo en la parábola de " obreros de la última hora " Por lo tanto ' nuestra alegría sea perfecta ' para saber que usted está en su camino hacia la patria celeste, siendo hijos de Dios y servidores de Cristo, si que ha aprendido que hay " hay mayor amor que el que da su vida para aquellos que amor " . del mismo modo que " hay más alegría en dar que en recibir "

Por último, alégrate, esperando a nuestro Salvador Jesús, que " no olvidará tu participación en la propagación del evangelio y el mensaje de la verdad " . No temas sino a Dios mismo. Y luego, muy rápidamente cuéntanos sobre tu testimonio: dones que el Espíritu Santo te habrá otorgado, con miras a perfeccionar el cuerpo de Cristo. " ¡ Sean bendecidos en todos los sentidos! "

*Entonces, " **AMADOS** ", reciban estos estudios bíblicos como un regalo del Señor Jesús, transmitidos por el ministerio de evangelización de su Iglesia en Camerún, por su devoto servidor y modesto hermano de África, que desea recordarles que YEHWEH Dios, a través de su Hijo Jesucristo, te ama con Amor Eterno. También crea en nuestro devoto afecto fraterno, a través del anticipo del Espíritu Santo. Amén .*

NB: *Al final del estudio bíblico, en este título, encontrará los diferentes temas propuestos en la colección de estudios bíblicos "Tenga cuidado el que lee". Recordamos a los lectores que esta serie de estudios bíblicos cristianos está disponible sin cargo para su edificación en www.chrétiens-Église.org*

SAMUEL CAMERÚN, Apóstol del Señor Jesús Cristo.

camerounsamuel@gmail.com Tel + 237 690600469 o + 237 679647767

San Marcos 16:12 - 20

JESÚS ÓRDENES DEL BAUTISMO

Al lado de este apareció, bajo otra forma, a dos de ellos que iban de camino al campo. Regresaron y se lo dijeron a los demás, quienes tampoco les creyeron. Finalmente, se apareció a los once mientras estaban en la mesa; y les reprochó su incredulidad y su dureza de corazón, porque no habían creído a los que le habían visto resucitar. Entonces les dijo: Id por todo el mundo y predicad el evangelio a toda la creación. El que crea y sea bautizado, será salvo, pero el que no crea, será condenado. Estas son las señales que acompañarán a los que creen: en mi nombre echarán fuera demonios; hablarán nuevos idiomas; tomarán serpientes; si beben alguna bebida mortal, no los dañarán; sobre los enfermos impondrán sus manos, y los enfermos serán sanados. El Señor, después de hablarles, fue elevado al cielo y se sentó a la diestra de Dios. Y salieron y predicaron en todas partes. El

Señor trabajó con ellos y confirmó la palabra con los milagros que la acompañaron. "

INTRODUCCIÓN

LA TIERRA DE LA RECOMENDACIÓN

Hace muchos años, un poeta escribió: " *Ojalá existiera un lugar maravilloso, llamado la Tierra del Principio y donde pudiera, al entrar, abandonar todos mis errores y mis dolores, mis pobres sufrimientos egoístas, y nunca los llevo". volver "* . todos hemos en un momento u otro desesperadamente deseamos habernos empezar de nuevo desde el principio, sin ningún tipo de pasivos. el *Apocalipsis* se menciona constantemente el privilegio que empezar de cero. Por ejemplo, *Apocalipsis 1: 5* nos dice que Jesús saca el mal de nuestras vidas para que podamos empezar de nuevo. *Apocalipsis 3: 8* abre ante nosotros una puerta a una nueva vida. *Apocalipsis 11: 8* explica cómo, después de una amarga desilusión, tenemos que empezar de nuevo. *Apocalipsis 21: 5* promete que Jesús hará todo de nuevo. **¿Sabes que Jesús proveyó amorosamente para una ceremonia pública mediante la cual el pasado es oficialmente enterrado y comienza una nueva y maravillosa vida?** Nada en el mundo se puede comparar con este evento que genera alegría, contentamiento, paz y descanso. . No tiene precio. Je Sus dijo que esta experiencia significativa es absolutamente esencial para cualquier persona que quiera ingresar al reino celestial, se llama el BAUTISMO. Veamos qué nos enseña Cristo en esta área vital.

Por eso la vida de este hombre, llamado Jesucristo, cuyos oráculos de Dios anunciaron las virtudes excepcionales por miles de profecías que se fueron cumpliendo una tras otra, con desconcertante minuciosidad, y que durante su estancia en la tierra, dirigió un pequeño grupo de discípulos, los apóstoles que fueron comisionados para fundar una comunidad multirracial. De hecho, se volvieron excéntricos más allá de las fronteras de Judea al seguir un ideal de principios que Dios guiaría a través de este Jesús desde su hogar celestial, bajo la acción de su fuerza invisible " *El espíritu santo* " . Rápidamente el Espíritu de Dios los conduciría a la obra de salvación de todo Hombre que encontramos en la colección de Libros titulada " *Nuevo Testamento* " . Sin embargo, sin haber pegado una sola letra con su propio dedo, este hombre, Jesús o Rabino, sin embargo apodado " *La Palabra de Dios* ", con tan solo treinta y tres años, concluyó la victoria del " *Bien* " sobre el " *Mal* " . », Como víctima expiatoria sobre un palo ensangrentado, y murmurando en un tono apenas audible por sus verdugos: « *Todo está cumplido* » . De sus verdugos también les perdonó el crimen, sin haber recibido previamente confesiones de ellos. Pero la Biblia anuncia que (estos verdugos) serán aceptados en su reino para tener, por un segundo, reconocido en él al Mesías prometido: Mateo 27:54 " *El centurión y los que estaban con él para proteger a Jesús, habiendo visto el terremoto y lo que acababa de suceder, fueron presa de gran temor, dijo: Ciertamente este hombre era Hijo de Dios.* "

Desde el murmullo salvador del primogénito Hijo de la creación, congelado bajo un cartel " *Rey de los judíos* ", muriendo " *entre dos criminales* ", y en una postura de lo más humillante: " *¡ desnudo!* " », A un Moisés conquistador, llevado a la corte del faraón, compareciendo cuarenta años después, ante sus hermanos, armados con dos bloques de piedras en una nube de luz, saliendo de una montaña furiosa, cuya única vista, arrebató la vida a los más valientes, imprudentes espectadores .

1. ¿CUÁL ES EL ORDEN DE MISIÓN DEL EVANGELIO?

Mateo 28:19

" *Id, haced discípulos a todas las naciones, bautizándolos en el nombre del Padre, del Hijo y del Espíritu Santo* ".

2. ¿Es importante el bautismo?

San Marcos 16:16

" *El que crea y sea bautizado, será salvo, pero el que no crea, será condenado.* "

3. ¿Qué formas de

a. Inmersión (el cuerpo se sumerge en el agua, al revés)
B. Triple inmersión (el cuerpo se sumerge tres veces, de frente)
vs. aspersión (unas cuantas gotas de agua son rociados sobre la persona)
D. Infusión (se vierte agua sobre el candidato)
mi. ¡Algunos lo hacen en estado de confusión! "*¡ En el nombre del Padre,*

del Hijo y del Espíritu Santo, y otros en el nombre de Jesús! "

F. Para aún otros, la observación de la aparente contradicción que existe es entre Jesús y estos Apóstoles " Padre, Hijo, Espíritu Santo ", o " JESÚS CRISTO ", bautizar sin pronunciar una sola palabra! ***Consultar con los testigos de Jehová (TJ)***

gramo. Para otros, finalmente, habiendo leído que todos los Apóstoles lo hacían sólo en el nombre de Jesús, se dispusieron así a respetarlo *" En el nombre de Jesús ",* ¡ ya que fue Él Jesús quien fue crucificado por ellos! ¡Convertirse de este hecho en el nombre de Jesús que se pronuncia sobre ellos **CRISTIANOS!**

Nota: No es, hoy en día, alrededor de 15 diferentes ceremonias llamadas *" bautismos ":* entonces la gente se pregunta " **¿Qué importancia?** ".

Veremos que, para Dios, la importancia es grande y que debemos apresurarnos a seguir su consejo. *Hey fibrous 6: 1-2 " Por tanto, dejando los principios de la palabra de Cristo, dejemos lo que es, no echando de nuevo el fundamento del arrepentimiento de obras muertas, la fe en Dios, la doctrina, los bautismos, la imposición de manos, la resurrección de los muertos y el juicio eterno "*

.

4. ¿Cuántos caminos hay al cielo?

Efesios 4: 5

" *Hay un Señor, una fe, un bautismo* "

Nota: Dios reconoce solo una forma auténtica de bautismo . Las otras formas no son bautismos en absoluto.

5. ¿Qué significa la palabra "*bautismo*" media?

Respuesta: ....

....

Nota: La palabra proviene del griego " *baptizo* " que significa zambullirse, sumergirse o sumergirse.

JESÚS NUESTRO MODELO PERFECTO

6. ¿Cuál es mi ejemplo en todo, incluido el bautismo? 1 Pedro 2: 21 " *Q ui a través de él cree en Dios, que le levantó de los muertos y le ha dado gloria, para que vuestra fe y esperanza sean en Dios.* "

Respuesta: ....
...

7. ¿Cómo bautizó a Jesús? *San Marcos 1: 9-11*

" *En ese momento, Jesús vino de Nazaret en Galilea y fue bautizado por Juan en el Jordán. Al salir del agua, vio que los cielos se abrían y el Espíritu descendía sobre él como una paloma. Y una voz pronunció estas palabras desde el cielo: Tú eres mi Hijo amado, en ti he puesto todo mi cariño.* "

Respuesta de: ....
....

8. Cuando Juan se niega por primera vez a bautizarlo, ¿qué le dice Jesús? Mateo 3:13 - 15

" Entonces Jesús vino de Galilea en la Jourda a Juan, para ser bautizado por él. Pero Juan se opuso, diciendo: ¡Soy yo quien necesito ser bautizado por ti, y tú vienes a mí! Jesús le respondió: Hágase ahora, porque conviene que así cumplamos todo lo que es justo. Y Jean ya no se le resistía. "

Nota: De hecho, el bautismo de Jesús no tenía el mismo significado que el nuestro . ¡Ya que él no era de naturaleza pecaminosa como todos los demás Hombres! Sin embargo, sin el Bautismo, aunque nació Hijo de Dios, Jesús no podría ser revestido por el espíritu santo para convertirse en MESÍAS -y al mismo tiempo **HIJO de Dios** y entrar en su misión de salvador de la humanidad. Veamos en el libro profético de Daniel lo que dicen las Sagradas Escrituras al respecto.

9. ¿Qué profecía determina el bautismo de Jesús?

Daniel: 9 - 24 " *Setenta semanas han sido nombrados sobre tu pueblo y tu santa ciudad, para poner fin a las transgresiones y para poner fin a los pecados, para expiar por la iniquidad y traer la justicia eterna, para sellar la visión y el profeta, y ungir el Lugar Santísimo.* "

10. ¿Cuál el es el primer significado del bautismo?

Daniel: 9 - 24 " *Se han señalado setenta semanas sobre tu pueblo y sobre tu santa ciudad, para poner fin a las transgresiones y poner fin a los pecados, para expiar la iniquidad y llevar a cabo la justicia eterna, para sellar la visión y el profeta y ungir el Lugar Santísimo.* "

11. ¿Cuál es el nombre de Jesús en relación con su bautismo? Daniel: 9-24

" *Setenta semanas han sido señaladas sobre tu pueblo y sobre tu santa ciudad, para poner fin a las transgresiones y poner fin a los pecados, para expiar la iniquidad y llevar a cabo la justicia eterna, para sellar la visión y el profeta, y para ungir el Lugar Santísimo .* "

12. ¿Qué leemos sobre esto en el Nuevo Testamento? Hechos 10:38

" Ustedes saben cómo Dios ungió con el Espíritu Santo y con fuerza a Jesús de Nazaret, quien iba de un lugar a otro haciendo el bien y sanando a todos los que estaban bajo el dominio del diablo, porque Dios estaba con él. "

Nota: Hechos 10:39 *" Somos testigos de todo lo que hizo en la tierra de los judíos y en Jerusalén. Lo mataron colgándolo de un madero. "* Hechos 10:40 *" Dios lo resucitó al tercer día y le permitió aparecer . .. "*

13. ¿Cómo era Jesús antes de su crucifixión?

Filipenses 2.7 *" pero se despojó de sí mismo, tomando la forma de un siervo, haciéndose semejante a los hombres y siendo hallado a la moda como un hombre "*

14. ¿Cómo está el cuerpo de Jesús después de su resurrección? Hechos 10:41

" No a todo el pueblo, sino a los testigos escogidos de antemano por Dios, a nosotros que comimos y bebimos con él después que resucitó de entre los muertos. "

Nota: Al ser bautizado en las aguas, Jesús quiso tomar nuestra condición totalmente, por eso también nos pide que estemos preparados para servirle totalmente *Filipenses 2: 8 " se humilló, haciéndose obediente hasta la muerte, hasta la muerte de la cruz. " Filipenses 2: 9 " Por lo cual también Dios lo exaltó en grado sumo, y le dio el nombre que está sobre todo nombre " Filipenses 2: 10 " para que en el nombre de Jesús toda rodilla se doble en los cielos, en tierra y debajo de la tierra "*

15. ¿Cómo se llama todavía el bautismo?

Daniel: 9 - 24 Daniel: 9 - 24 " Setenta semanas han sido señaladas sobre tu pueblo y sobre tu santa ciudad, para poner fin a las transgresiones y poner fin a los pecados, para expiar la iniquidad y para llevar a cabo la justicia eterna, para sellar la visión y el profeta, y ungir el Lugar Santísimo. "

TEXTOS ADICIONALES SOBRE EL BAUTISMO DE CRISTO

Daniel 9: 25 " *Conoce, pues, y entiende: Desde el tiempo que la palabra ha anunciado, restaura y edifica Jerusalén hasta el Ungido, el conductor hay siete semanas, y sesenta y dos semanas serán restauradas plazas y acequias, pero en tiempo de angustia.* . " Daniel 9: 26 " *Después de las sesenta y dos semanas el ungido será cortado* "

Calificación: Recordemos el
término " *ungido* " por una declaración que evidentemente
alude al " *bautismo* ", distingue a todos los creyentes en Jesús como los apartados para la gloria del Señor, ¡pues en varios pasajes se ven los nombres atribuidos a Jesús! *I Timoteo 6: 14 - 16 de* " *y en vivo sin mancha ni culpa hasta la aparición de nuestro Señor Jesucristo, la cual a su vez que el bienaventurado y solo Soberano, los R reyes oi, y Señor de señores, el único que posee la inmortalidad, que habita en una luz inaccesible, a quien ningún hombre ha visto ni*

puede ver, a quien pertenecen la honra y el poder eterno. ¡Amén! ". ¡Cuidado con la denominación Rey de Reyes que se usa aquí! ¿Puede ser Jesús en este pasaje? NO, ya que a su lado se dice: " *quien habita en una luz inaccesible, que ningún hombre ha visto ni puede ver "*, conclusión el término Rey de reyes sí habla de YAHWEH Dios y otros Reyes, entre otros Jesucristo y puede se nosotros! Sobre este tema, leamos más adelante en el libro de Apocalipsis lo que dijo al respecto Juan uno de los discípulos de Jesús . Revelación 17: 14 " *Pelearán contra el Cordero, y el Cordero los vencerá, porque él es Señor de señores y Rey de reyes, y llamados y elegidos y fieles están con él también vencerá* . " En contra de esta manera, entendemos claramente que la ' unción del bautismo que nos hace de los ungidos del Señor, también se nos llama los nombres de reyes y señores, Jesús es como dice' Rey ' de reyes y El' Señor 'de señores. Este es el punto crucial en el que la enseñanza sobre el bautismo debe llevar con nosotros

. ¿Comprendemos ahora su inmensa importancia?

16. En el Nuevo Testamento, la misma palabra, ¿se usa también para recordar el Antiguo Testamento?

Hechos 10:38 " *Ustedes saben cómo Dios ungió con el Espíritu Santo y con fuerza a Jesús de Nazaret, quien iba de un lugar a otro haciendo el bien y sanando a todos los que estaban bajo el dominio del diablo, porque Dios estaba con él.* " D Aniel 9: 25 " *Sabe, pues, y entiende, desde el momento en que la palabra anunció que Jerusalén será reconstruido hasta que el Ungido, el Líder, siete semanas y sesenta y dos semanas atrás, los lugares y las zanjas será re establecido, pero en tiempos espantosos.* "

Nota: Hechos 10: 42 " *Y nos mandó que predicásemos al pueblo y dar testimonio de que es él quien fue designado por Dios para juzgar a los vivos y los muertos .* " ¿Usted sabe que otras veces, se instalaron los reyes de Israel por la unción del aceite de oliva? ¡Hoy Dios ha elegido por la inmersión de agua durante el Bautismo para ungir a sus siervos para convertirlos en reyes que servirán a su Gran Rey Jesucristo!

17. ¿Con qué " nombre ", el bautismo se practica en la Iglesia cristiana " Dios " o " Jesucristo "? *Juan 10:35*

*" Si llamó ' **dioses a aquellos a quienes** se ha dirigido **la palabra de Dios '**, y si la Escritura no puede quebrantarse "*

Nota: ¡Nos sorprende saber que Dios nos llama dioses! Sí, debemos leer la Escritura como Dios quiere que la leamos, es decir, con exactitud y fidelidad de corazón . .. Se dice en el *1 ste Epístola de Pablo a los x Corintios 8: 5-7 " Porque, si **los seres** que son llamados **dioses, ya sea en el cielo o en la tierra,** como **los que realmente hay muchos dioses y muchos señores Sin** embargo, para* *nosotros hay un solo Dios, el Padre, de quien proceden todas las cosas y por quien somos, y un solo Señor, Jesucristo, por quien son todas las cosas y por quien somos, pero este conocimiento no es para todos. "*

18. ¿Habría tenido Jesús un sucesor en su misión salvífica? Daniel 9: 26

" Después de las sesenta y dos semanas, el ungido será cortado y no tendrá sucesor. "

19. ¿Por qué no habría tenido un sucesor?

Hebreos 7: 24

" Pero él, porque permanece eternamente, tiene un sacerdocio que no es sucesor "

18- ¿En qué nombre se debe realizar el bautismo?

Hechos 10:43 *" Todos los profetas dan testimonio de él, que todo aquel que en él cree, por su nombre recibe el perdón de los pecados. "*

20. ¿Debería Jesús ser el único líder o pastor?

Respuesta: SI

Nota: Juan 10:16 *" Yo también tengo otras ovejas que no son de este redil; estos, debo traerlos; oirán mi voz, y habrá un solo rebaño, un solo pastor. "*

21. ¿Cuántas iglesias de Cristo debería tener según las escrituras? Efesios 4: 4-6

" Hay un solo cuerpo y un solo Espíritu, así como tú también has sido llamado a una sola esperanza por tu vocación; hay un solo Señor, una sola fe, **un solo bautismo,** *un solo Dios y Padre de todos, que está sobre todos, por todos y en todos. "*

22. ¿Puede un hombre bautizar a otro con el Espíritu Santo? Juan 1: 26

" Juan les respondió: Yo bautizo en agua, pero entre ustedes hay alguien que no conocen, que viene después de mí ".

23. ¿Por qué no hay otras personas por cuyos nombres podamos ser bautizados? John 1: 33

" *Yo no lo conocía, pero el que me envió a bautizar con agua, ese me dijo: Aquel sobre quien veas descender el Espíritu y detenerse, es el que bautiza con el Espíritu Santo* " .

24. ¿El apóstol Pedro bautizó a los creyentes con otro nombre que no fuera el de Jesús? Hechos 2:38

" *Pedro les dijo: Arrepentíos, y bautícese cada uno de vosotros en el nombre de Jesucristo, para perdón de vuestros pecados; y recibirás el don del Espíritu Santo.* "

25. ¿Hay algún profeta en toda la Biblia que de otra manera enseñara la salvación con otro nombre?

Hechos 10:43 " *Todos los profetas dan testimonio de él, que todo aquel que en él cree, por* ***su nombre*** *recibe el perdón de los pecados* . "

26. ¿Hay dos posibles nombres dados a los Hombres por los cuales podemos ser salvos?

Hechos 4:12 *" No hay salvación en ningún otro; porque no* **hay otro nombre** *debajo del cielo dado a los hombres, en el que podamos ser salvos. "*

27. ¿Cómo salvó a los hombres el nombre de Jesús?

Hechos 2:21 *" Entonces todo aquel que invocare el nombre del Señor, será salvo. "*

28. Hechos 2: 38

" Pedro les dijo: Arrepentíos, y bautícese cada uno de vosotros en el nombre de Jesucristo, para perdón de vuestros pecados; y recibirás el don del Espíritu Santo. "

29. ¿Con qué nombre Dios hace toda clase de milagros, salvo enfermedades, hom bres de demonios? Hechos 3: 6

" *Entonces Pedro le dijo: No tengo plata ni oro; pero lo que tengo, os doy: en el nombre de Jesucristo de Nazaret, levántate y anda.* "

Hechos 4: 7 "*Y pusieron a Pedro ya Juan entre ellos, y les preguntaron:* ***¿Con qué poder, o en nombre de quién habéis hecho esto?*** " Hechos 4: 10-11" *¡Conócelo todo y déjalo saber a todo el pueblo de Israel! Es por el nombre de Jesucristo de Nazaret, que fuiste crucificado, y que Dios resucitó de entre los muertos, es por él que este hombre se presenta en plena salud ante ti. Jesús es la piedra desechada por los que edificas, y que se ha convertido en el principio del ángulo.* "

30. ¿Cómo honra Dios el Nombre de Jesús en el mundo? Hechos 2: 9-11

" *Por lo cual también Dios lo exaltó en alta estima, y le dio el nombre que es sobre todo nombre, para que en el nombre de Jesús se doble toda rodilla en los cielos, y en la tierra y debajo de la tierra, y toda lengua confiese que Jesús Cristo es el Señor, para gloria de Dios Padre* " .

31. ¿Cómo Dios salva siempre han sido las almas perdidas? *Hechos 2: 38 - 39*

" Porque la promesa es para ti y para tus hijos, y para todos los que están lejos, para cuantos el Señor nuestro Dios los llame. Y con muchas otras palabras los conjuró y exhortó, diciendo: Sed salvos de esta perversa generación. "

32. Habiendo aceptado la vida en Jesús, ¿cómo evolucionaron las comunidades cristianas?

Hechos 2: 41 - 44 " Los que aceptaron su palabra fueron bautizados; y en ese día el número de discípulos aumentó en unas tres mil almas. Perseveraban en la enseñanza de los apóstoles, en la comunión, en el partimiento del pan y en las oraciones. El miedo se apoderó de todos, y los apóstoles hicieron muchas maravillas y milagros. Todos los que creían estaban en el mismo lugar y tenían todo en común "

33. ¿ Qué ceremonia defendió Pedro después de la demostración del Espíritu Santo entre los gentiles?

Hechos 10: 47 " *Entonces Pedro dijo: ¿Puede alguno impedir el agua del bautismo a los que han? Recibido el Espíritu Santo también como nosotros* " Hechos 10:44 " *Como Pedro aún hablaba estas palabras, el Espíritu Santo descendió sobre todos los que oían el palabra* " .

34. ¿Aceptaron los judíos espontáneamente la entrada de los gentiles en la Iglesia? Hechos 10:45

" *Todos los fieles circuncidados que habían venido con Pedro estaban asombrados de que el don del Espíritu Santo también se derramara sobre los gentiles.* " Hechos 10:46 " *Porque les oían hablar en lenguas y glorificar a Dios.* "

35. ¿Cómo y en qué nombre del f obra, éste bautizado?

Hechos 10: 48 *Y mandó que fueran bautizados en el nombre del Señor, en la que se le rogaron que se quedara unos días con ellos.* "

36. ¿Podemos ser bautizados de otra manera que las escrituras prescritas en la Biblia?

1 Corintios 4: 6 " *Es a causa de vosotros, hermanos, que he hecho estas cosas una aplicación para mí y para el de Apolos, para que en nosotros aprendáis a no ir más allá de este. De* ***lo que está escrito,*** *y que, ninguno de ustedes conciben el orgullo a favor de uno contra el otro* " .

37. ¿Cómo se llamaba a los que seguían fielmente a Jesús en las Sagradas Escrituras?

Hechos 24: 14 " Admito que sirvo al Dios de mis padres la forma en la que ellos llaman **una secta,** *creyendo todo lo que está escrito en la ley y los profetas " Hechos 11: 26 " y lo encontró, le llevó a Antioquía. Durante todo un año se reunieron en asambleas de la Iglesia y enseñaron a mucha gente. Fue en Antioquía donde a los discípulos se les llamó* **cristianos** *por primera vez " .*

38. ¿De dónde viene el nombre Christian?

Romanos 1: 6 " Pablo, siervo de Jesucristo, llamado a ser apóstol, apartado para proclamar el Evangelio de Dios, que había sido previamente prometido por Dios por sus profetas en las Sagradas Escrituras, y que concierne a su Hijo (nacido de la posteridad de David, según la carne, y declarado Hijo de Dios con poder, sal sobre el Espíritu de santidad, por su resurrección de entre los muertos), Jesucristo nuestro Señor, por quien hemos recibido la gracia y el apostolado, para llevar en su nombre a la obediencia de la fe a todos los paganos, entre los cuales también estáis vosotros, que habéis sido llamados por Jesucristo "

A pocos versículos de la Biblia determina el nombre de " CRISTIANOS " que llevan el arte de YAHWEH DIOS del creyente

1 Corintios 1: 2 " *a la Iglesia de Dios que está en Corinto, a los santificados en Cristo Jesús, llamados a ser santos, ya todos los que invocan el nombre de nuestro Señor dondequiera que esté. Jesucristo, su Señor y nuestro* " Filipenses 3: 3 " *porque la circuncisión, somos nosotros los que damos a Dios nuestro culto por el Espíritu de Dios, los que nos gloriamos en Cristo Jesús, y no ponemos nuestra confianza en la carne* " .

39. ¿Cuál es la recompensa futura para aquellos y aquellos que aceptan la vergüenza de los paganos hoy? Hechos 24: 15

" Y teniendo en Dios esta esperanza, como ellos mismos la tienen, de que habrá una resurrección de justos e injustos. "

40. ¿Por qué solo el nombre de Jesús pronunciado durante la inmersión nos da la salvación en el bautismo? Daniel 9: 26 de - 27 de

" ... Y no tendrá sucesor . El pueblo de un gobernante que venga destruirá la ciudad y el santuario, y su fin vendrá como un diluvio; se decide que la devastación durará hasta el final de la guerra. Hará un pacto sólido con muchos durante una semana, y durante la mitad de la semana detendrá el sacrificio y la ofrenda "

41. ¿Qué pasará contra los cristianos frente al diablo antes del regreso de Cristo? Apocalipsis 12: 7 - 17

" Un nd hubo una gran batalla en el cielo. Mic a e l y sus ángeles lucharon contra el dragón. Y el dragón y sus ángeles lucharon, pero no fueron más fuertes, y su lugar ya no se encontraba en el cielo. Y fue arrojado, el gran

dragón, la serpiente antigua, llamado diablo, y Satanás, el engañador de toda la tierra, fue arrojado a la tierra, y sus ángeles fueron arrojados con él. Y oí una gran voz en el cielo que decía: Ahora ha venido la salvación, el poder, el reino de nuestro Dios y la autoridad de su Cristo; porque fue derribado el acusador de nuestros hermanos, que los acusaba delante de nuestro Dios día y noche. Lo vencieron por la sangre del Cordero y por la palabra de su testimonio, y no amaron su vida hasta que temieron la muerte. Por tanto, regocíjense, cielos y ustedes que moran en los cielos. ¡Ay de la tierra y del mar! Porque el diablo ha descendido a ti con gran enojo, sabiendo que tiene poco tiempo. Cuando el dragón vio que había sido arrojado a la tierra, persiguió a la mujer que había dado a luz al hijo varón. Y las dos alas de la gran águila le fueron dadas a la mujer para que volara al desierto, a su lugar, donde se alimentará por tiempo, tiempos y medio tiempo, lejos del rostro de la serpiente. Y, de su boca, la serpiente arrojó agua como un río detrás de la mujer, para llevársela por el río. Y la tierra ayudó a la mujer, y la tierra abrió su boca y se tragó el río que el dragón había arrojado de su boca. Y el dragón se enojó con la mujer, y fue a hacer guerra contra el resto de su descendencia, los que guardan los mandamientos de Dios y tienen el testimonio de Jesús. "

42. ¿Cómo serán perseguidos los cristianos en toda la faz de la tierra por el diablo y sus secuaces hacia el fin del mundo? Apocalipsis 12: 13-16

" Cuando el dragón vio que había sido arrojado a la tierra, persiguió a la mujer que había dado a luz al hijo varón. Y las dos alas de la gran águila le fueron dadas a la mujer para que volara al desierto, a su lugar, donde se alimentará por tiempo, tiempos y medio tiempo, lejos del rostro de la serpiente. Y de su boca la serpiente arrojó agua como un río detrás de la mujer, para arrastrarla por el río.Y la tierra ayudó a la mujer, y la tierra abrió su boca y se tragó el río que el dragón había lanzado desde su boca. boca. "

43. ¿Qué distinguirá a los hijos de Dios, los demás habitantes del mundo? Apocalipsis 14: 10-12

" Y el dragón se enojó con la mujer y fue a hacer guerra contra el resto de su simiente, ***contra los que guardan los mandamientos de Dios y tienen el testimonio de Jesús .*** *Y el humo de su tormento sube por los siglos de los siglos; y no descansan ni de día ni de noche, los que adoran a la bestia y su imagen, y cualquiera que recibe la marca de su nombre. Aquí está la perseverancia de los santos, que guardan los mandamientos de Dios y la fe de Jesús. "*

44. ¿Qué dice la Biblia acerca de las palabras dichas por Jesús, y torpemente malentendidas para la perdición de algunos? Lucas 2: 25 de - 35

" Y he aquí, había un hombre en Jerusalén llamado Simeón. Este hombre era justo y piadoso, esperaba el consuelo de Israel y el Espíritu Santo estaba sobre él. El Espíritu Santo le había advertido divinamente que no moriría hasta que hubiera visto al Cristo del Señor. Vino al templo, movido por el Espíritu. Y mientras los padres llevaban al niño Jesús para que hiciera por él lo que le mandaba la ley, lo recibió en sus brazos, bendijo a

Dios y dijo: Ahora, Señor, dejas ir en paz a tu siervo, según tu palabra. Porque mis ojos han visto tu salvación, que has preparado delante de todos los pueblos, luz para alumbrar a las naciones, y la gloria de Israel tu pueblo. Su padre y su madre estaban admirados por las cosas que se decían de él. Simeón los bendijo y dijo a María su madre: He aquí, este niño está destinado a traer la caída y el levantamiento de muchos en Israel, y a convertirse en una señal que causará contradicción, y para ti una espada para ti. traspasa el alma, para que se revelen los pensamientos de muchos corazones. "

DIFERENCIA DEL BAUTISMO ENTRE LOS HIJOS DE DIOS Y LOS DEL MUNDO, EN LOS ÚLTIMOS DÍAS.

45. ¿De dónde viene el mayor error entre los defensores de la doctrina de la " Trinidad ", es decir, los seguidores del " 666 "? *Mateo 28:19*

" *Id, haced discípulos a todas las naciones, bautizándolos* ***en el nombre del Padre, del Hijo y del Espíritu Santo*** "

Nota: Es a partir de estas palabras declaradas antes de su partida física al cielo, que la deriva más popular ha perdido al mundo cristiano por la doctrina de la Trinidad. Esta doctrina de esencia católica, originalmente pagana, fue importada de las creencias hindúes de Oriente, incluyendo entre otras cosas el culto a deidades queridas por las mujeres y se encontró asimilada con el culto mariano no bíblico, devoción al dios sol, oraciones dirigidas a ángeles. ya varios espíritus. Esto contrasta con la exclusividad de culto reservada al Dios de Israel, el único Dios invisible YAHWEH, cuya dicha ley mosaica estipuló expresamente en sus Diez preceptos de mandamientos, especificando su unicidad y exclusividad inamovible.

46. ¿Cuál es el primer significado del bautismo?

Nota: La muerte de Cristo.

47. El bautismo significa inmersión o entierro, desde este punto de vista ¿podemos enterrar a alguien en el nombre de Dios?

Nota: No, ya que Dios no es un hombre, ¡así que debe ser enterrado! Por tanto, el bautismo no se puede hacer en el nombre del Padre, del Hijo y del Espíritu Santo.

48. El Espíritu Santo no es Dios, ¿cómo lo muestra la Biblia? *Mateo 3:16 - 17*

" Entonces Jesús vino de Galilea al Jordán donde Juan, para ser bautizado por él. Pero Juan se opuso, diciendo: ¡Soy yo quien necesito ser bautizado por ti, y tú vienes a mí! Jesús le respondió: Sea ahora, porque conviene que así cumplamos todo lo que es justo. Y Jean ya no se le resistía. Tan pronto como Jesús fue bautizado, salió del agua. Y he aquí, los cielos se abrieron y vio al Espíritu de Dios descender como una paloma y venir sobre él. Y he aquí, una voz pronunció estas palabras desde el cielo: Este es mi Hijo amado, en quien he puesto todo mi cariño. "

DOCTRINA DE LA TRINIDAD Y PERDICIÓN DEL MUNDO POR UN INMONDO BAUTISMO DE LAS PALABRAS MAL COMPRENDIDAS DE JESÚS

49. ¿Cómo se equivocaron los cristianos en las palabras de Cristo? *Mateo 28:19*

" *Id, haced discípulos a todas las naciones, bautizándolos en el nombre del Padre, del Hijo y del Espíritu Santo* "

Nota: La deriva más popular es la de la doctrina sobre la Trinidad. Esta doctrina de esencia católica, originalmente pagana, fue importada de las creencias hindúes de Oriente, incluyendo entre otras cosas el culto a las deidades queridas por las mujeres y se encontró asimilación con el culto mariano no bíblico, devoción al dios sol, oraciones dirigidas a los ángeles. ya varios espíritus. Esto contrasta con la exclusividad de culto reservada al Dios de Israel, el único

Dios invisible YAHWEH, cuya dicha ley mosaica estipuló expresamente en sus Diez preceptos de mandamientos, especificando su unicidad y exclusividad inamovible.

A riesgo de cualquier deriva, las epístolas de Juan en estas santas cartas, nos recuerdan lo que, la naturaleza de Jesús, además hecho hombre, anuncia los riesgos de una apostasía doctrinaria, consecuencia de la perdición del mundo que se pone creer más bien en un Jesucristo que sería por esencia y al mismo tiempo de naturaleza divina plenipotenciario *1 Juan 3: 18-19, 1 Juan 4: 1 - 6* . Porque según el "CREDO" de la Babilonia espiritual, él (Jesucristo) sería "Dios, nacido del Dios verdadero, engendrado no creado, de la misma naturaleza que el Padre…". Sin embargo, la Biblia es clara sobre lo que está en juego en esta doctrina relacionada con la naturaleza de Jesús. *2 Juan 1: 7 " Porque muchos engañadores han entrado en el mundo, que no confiesan que Jesucristo ha venido en carne. El que es tal es el seductor y el anticristo.* " Derivaciones que los Hombres han comenzado a arrancar desde los tiempos apostólicos hasta la conclusión de la historia mundial, cuando apareció en el panorama religioso mundial, siendo que la Biblia llama " de *Abominación De Desolación* ", " de *Hombre Impío* ", de " *Malvado* ", " de *Adversario de Dios* ", simplemente de " " *666* " " .

50. ¿Qué palabras fueron escritas directamente del dedo de Dios en la Biblia? *Éxodo 34: 1*

" *El SEÑOR dijo a Moisés: Corta dos tablas de piedra como las primeras, y escribiré en ellas las palabras que estaban en las primeras tablas que quebraste.* "

" NO TENDRÁS NINGÚN OTROS DIOSES FRENTE A MI CARA. "

¡Primer mandamiento de Dios dado a Moisés!

Nota: En efecto, del preámbulo del Decálogo, descubrimos fácilmente la particularidad reservada a la Persona de su Autor: ¡la adoración! La adoración le es debida unilateralmente por su pueblo semítico, en total oposición al Egipto politeísta del que se ha liberado recientemente, que incluía entre estas múltiples deidades una más que era demasiado, la de considerar y calificar al Faraón como su rey, de dios en la tierra. Entendemos por qué las primeras palabras del Dios de Moisés insisten en este punto de demarcación de todos los pueblos antiguos y en primer lugar de este Egipto politeísta, idólatra y, por tanto, locomotora del paganismo planetario. Las primeras palabras de Dios, sus diez mandamientos, aunque transcritos directamente de él, conocieron multitud de interpretaciones y doctrinas diversas que emanan de estos códigos de comunión con su pueblo.

51. ¿De dónde viene entonces esta doctrina de la Trinidad?

Las doctrinas perversas y satánicas, que han perdido el mundo espiritual de la cristiandad desde el surgimiento de este hombre perverso, se atribuyen a esta misma personalidad, que al menos cínicamente afirma ser parte e incluso estar a la cabeza de la misma. los apóstoles como " Sucesor de Pedro ", " Vicario del Hijo de Dios ", " Jefe de Estado ", luego finalmente ' *como* ***Dios mismo en la tierra*** *al proclamarse como tal en la Iglesia, justo antes de la regreso de Cristo, e imponiendo la marca del número espiritual "666" a todos los habitantes de la tierra.* » *2 Tesalonicenses 2: 3 - 7* y *Apocalipsis 13: 1 - 18* . El " **Dies Solis** ". El `` dios sol " que adoraba Roma antes de su transformación al culto católico en su forma actual, es un ejemplo concreto de esto sucediendo a la divinidad oficial de la Iglesia de Roma, una vez que se construyó el santuario de Italia en la misma ciudad. maldad, con impacto en la continuación de los mandamientos de Dios, en particular el del sábado.

(Véanse los estudios bíblicos de la serie, números 4, 5 y 6 de esta colección)

- El Gran Signo de la Bestia, el (666) revelado.

- ¿Cómo tomaron ya los hombres la (666) Señal de la Bestia en la Frente?

CONCLUSIÓN

Como conclusión de esta importante lección que consagra nuestro bautismo en el nombre de Jesucristo por nosotros, captamos la condición esencial de hacerlo al recibir esta ceremonia en agua sumergida por cualquiera, con solo mencionar este nombre que Dios dio en la tierra como en el cielo por el cual todo hombre recibiría el perdón de sus pecados. No lo confunda Juan el Bautista declaró ante todos los judíos curiosos por saber cuál era su misión Juan respondió " *Yo no soy Cristo, porque ni siquiera soy digno de desatar la correa de sus sandalias, me dijo el que me envió que él es el que bautiza con el Espíritu Santo y fuego* " también se debe recordar, la epístola a los Hebreos también declaró que ' *Jesús tiene un sacerdocio que no es transmisible* ', *que* es por lo que no es posible estar bautizado en el Espíritu Santo por cualquiera, excepto por Jesucristo solamente . Y este nacimiento se manifiesta, por tanto, por la vida que Dios transmite por medio de Cristo, ya que Él es Camino, Verdad y Vida

. ¿Cómo puede este Cristo que es Señor de señores y Rey de reyes para nosotros que recibimos la cobertura de Jesús, precisamente ser potencialmente sumergidos de nuevo en las aguas incluso si ya hubiéramos sido sumergidos de otra manera que por el nombre de Jesucristo por enésima vez según modelos que no garantizan tu salvación. Amados, vamos a tomar Quisiera recibir la pregunta del Apóstol Pablo a los nuevos prosélitos " *¿Recibiste el Espíritu Santo cuando fuiste bautizado?* " Ya que nuestro bautismo es la garantía de nuestra identificación con Cristo en todos los aspectos, recordemos y este no es ni el Espíritu de Dios, ¡mucho menos el Padre que murió por nosotros! Especialmente porque Simeón sosteniendo al Hijo de Dios en sus brazos evocaba cómo aquellos y aquellos que no entenderían la misión y sus palabras, se iban a escandalizar por su propia ruina. Especialmente Simeón una vez más declaró " *Y ser un signo que provocará contradicción* ". Así que esta palabra de Cristo " *ve y haz discípulos de todas las naciones mis discípulos, bautizándolos en el* *nombre del Padre, del Hijo y del Espíritu Santo* " ¿Habría sido mal entendido, estos por sus Apóstoles que vivieron directamente las últimas instrucciones del Cristo? Ya que conocemos el Biblia establece claramente que " *los fariseos sabían que Jesús hacía y bautizaba más discípulos que Juan, sin embargo, no era el mismo que bautizó pero fueron sus discípulos que lo hicieron.* » Por tanto no podemos ignorar que toda la construcción del edific La de Dios que es su Iglesia permanece y permanece bajo el control de Jesús a través de sus apóstoles que no están ni en oposición a estas instrucciones y menos en contradicción entre ellas. ¡El bautismo es y sigue siendo la misma ceremonia que se practica en toda la Iglesia de Cristo en toda la superficie de la tierra habitable! En vista de todas estas aparentes angustias que parecemos percibir en las últimas palabras de Cristo a sus discípulos, ¿comprendemos la importancia de estas palabras del Apóstol Pablo " *Hay un BAUTISMO* ", que ha sacado a relucir la sana doctrina? como la base y el soporte de la verdad entre las doctrinas inamovibles de la verdad contenidas en *Efesios 4: 4-5* " *Hay un solo Dios, un solo Señor, una sola fe* como *hay un solo BAUTISMO* " Así que en cualquier caso el bautismo de Cristo o la nuestra, ¿medimos su importancia para nosotros? *Romanos 6: 3 - 23* " *¿No sabéis que todos los que hemos sido bautizados en Jesucristo, hemos sido bautizados en su muerte? Por tanto, fuimos sepultados con él por el bautismo en su muerte, para que, como Cristo resucitó de entre los muertos por la gloria del Padre, así también nosotros podamos caminar en novedad de vida. Porque si nos hemos convertido en una planta con él por la conformidad con su muerte, también seremos uno por la conformidad con su resurrección, sabiendo que nuestro anciano fue crucificado con él, para que el cuerpo del pecado sea destruido, de modo que nosotros seamos uno. ya no esclavos del pecado; porque el que ha muerto está libre de pecado. Ahora bien, si morimos con Cristo, creemos que también viviremos con él, sabiendo que Cristo resucitado de entre los muertos ya no muere; la muerte ya no tiene poder sobre él. Porque murió, y fue por el pecado que murió de una vez por todas; volvió a la vida, y es por Dios* *que vive. Del mismo modo, usted también parece muerto para el pecado, pero viviente para Dios en Cristo Jesús. Dejar que no pues, el pecado reine en vo ser cuerpo mortal, y n ' no obedece a sus deseos. No entregues al pecado tus miembros como instrumentos de iniquidad; sino entréguense a Dios como vivos de entre los muertos que eran, y ofrezcan sus miembros a Dios como instrumentos de justicia. Porque el pecado no tendrá dominio s corazón, ya que estás no s e la ley, sino bajo la gracia. ¡ Qué! ¿Pecaremos porque no estamos bajo la ley, sino bajo la gracia? ¡Lejos de ahí! Qué usted no sabe que al dar a sí mismo por encima a alguien como esclavos para obedecerle, sois esclavos de aquel a quien obedecéis, ya sea a pecado que lleva a la muerte o de la obediencia que lleva a la Justicia? Pero gracias a Dios que, después de haber sido esclavos del pecado, has obedecido de corazón la regla de doctrina en la que fuiste instruido. Habiendo sido liberados del pecado, se han convertido en esclavos de la justicia. - Hablo a la manera de los hombres, a causa de la debilidad de su carne. -De la misma manera que entregaste tus miembros como esclavos a la inmundicia y la iniquidad, para llegar a la iniquidad, así ahora entrega tus miembros como esclavos a la justicia, para llegar a la santidad. Porque cuando erais esclavos del pecado, erais libres con respecto a la justicia. ¿Qué frutos estabas dando entonces? Frutos de los que hoy te sonrojas . Porque el fin de estas cosas es la muerte. Pero ahora, habiendo sido liberados del pecado y convertidos en esclavos de Dios, tienen la santidad como fruto y la vida eterna como fin. Esa es la paga del pecado es muerte; pero la dádiva de Dios es vida eterna en Cristo Jesús Señor nuestro* "

RESUMEN

7. *¿Cómo bautizó a Jesús?* San Marcos 1: 9-11

8. *¿Cuándo se niega Juan por primera vez a bautizarlo? ¿Qué le dice Jesús?* Mateo 3:13 - 15

9. *¿Qué profecía determina el bautismo de Jesús?* Daniel: 9-24

10. *¿Cuál es el significado principal del bautismo?* Daniel: 9-24

11. *¿Cuál es el nombre de Jesús en relación con su bautismo?* Daniel: 9-24

12. *¿Qué leemos al respecto en el Nuevo Testamento?* Hechos 10:38

13. *¿Cómo era Jesús antes de su crucifixión?* Filipenses 2: 7

14. *¿Cómo está el cuerpo de Jesús después de su resurrección?* Hechos 10:41

15. *¿Cómo se llama todavía el bautismo?* Daniel: 9-24 Daniel: 9-24

TEXTOS ADICIONALES SOBRE EL BAUTISMO DE CRISTO

16. *¿También en el Nuevo Testamento se usa la misma palabra como recordatorio del Antiguo Testamento?* *Hechos 10:38*

17. *¿Qué otro nombre se le da a los cristianos gracias a la escucha y el respeto de la palabra, y por tanto del bautismo?* *Juan 10:35*

18. *¿Habría tenido Jesús un sucesor en su misión salvadora?* *Daniel 9: 26*

19. *¿Por qué no habría tenido un sucesor?* *Hebreos 7: 24*

20. *¿En qué nombre se debe realizar el bautismo?*

Hechos 10:43

21. *¿Debería Jesús ser el único líder o pastor?*

Respuesta: SI

22. *¿Cuánta Iglesia de Cristo debería tener según las Sagradas Escrituras?* *Efesios 4: 4-6*

23. *¿Puede un hombre bautizar a otro con el Espíritu Santo?* *Juan 1:26*

24. *¿Por qué no hay otras personas por cuyos nombres podamos ser bautizados?* *Juan 1:33*

25. *¿El apóstol Pedro bautizó a creyentes que no fueran por el nombre de Jesús?* Hechos 2:38

26. *¿Hay un profeta en toda la Biblia que de otra manera enseñó la salvación con otro nombre?* Hechos 10:43

27. *¿Hay dos posibles nombres dados a los hombres por los cuales podemos ser salvos?* Hechos 4:12

28. *¿Cómo salvó a los hombres el nombre de Jesús?* Hechos 2:21

29. *¿Con qué nombre realizó Dios toda clase de milagros, salvando de la enfermedad, librando a los hombres de los demonios?* Hechos 3: 6

30. *¿Cómo honra Dios el Nombre de Jesús en el mundo?* Hechos 2: 9-11

31. *¿Cómo ha salvado Dios siempre a las almas angustiadas?* Hechos 2: 38 - 39

32. *Habiendo aceptado la vida en Jesús, ¿cómo evolucionaron las comunidades?* Hechos 2: 41 - 44

33. *¿Qué ceremonia recomienda Pedro después de la manifestación del espíritu santo entre los paganos?* Hechos 10:47

34. ¿Aceptaron los judíos espontáneamente la entrada de los gentiles en la Iglesia? Hechos 10:45

35. ¿Cómo y con qué nombre los bautizó? Hechos 10:48

36. ¿Podemos ser bautizados de otra manera que las escrituras prescriben en la Biblia? 1 Corintios 4: 6

37. ¿Cómo se llamaba a los que seguían fielmente a Jesús en las Sagradas Escrituras? Hechos 24: 14

38. ¿De dónde viene el nombre del nombre de pila? Romanos 1: 6

39. Algunos versículos bíblicos que determinan el nombre de `` CRISTIANOS '' que los creyentes de YAHWEH DIOS llevan 1 Corintios 1: 2

40. ¿Cuál es la recompensa futura para aquellos que aceptan la ignominia de los paganos hoy? Hechos 24: 15

41. ¿Por qué solo el nombre de Jesús pronunciado durante la inmersión nos da la salvación en el bautismo? Daniel 9: 26-27

42. *¿Qué pasará contra los cristianos frente al diablo?* Apocalipsis 12: 7 - 17

43. *¿Cómo van a ser perseguidos los cristianos en toda la tierra por el diablo y sus secuaces?* Apocalipsis 12: 13-16

44. *¿Qué distinguirá a los hijos de Dios de otros habitantes del mundo?* Apocalipsis 14: 10-12

45. *¿Qué dice la Biblia sobre las palabras de Jesús, que llevaron a la perdición de algunos?* *Lucas 2: 25-35*

DIFERENCIA DEL BAUTISMO ENTRE LOS HIJOS DE DIOS Y LOS DEL MUNDO, EN LOS ÚLTIMOS DÍAS.

46. *¿De dónde viene el mayor error de los defensores de la doctrina de la " Trinidad " es decir los seguidores del " 666 "? Mateo 28:19*

47. *¿Cuál es el primer significado del bautismo?*

Nota: La muerte de Cristo.

48. *El bautismo significa inmersión o entierro, desde este punto de vista ¿podemos enterrar a alguien en el nombre de Dios?*

49. El Espíritu Santo no es Dios, ¿cómo lo muestra la Biblia? Mateo 3:16 - 17

DOCTRINA DE LA TRINIDAD Y PERDICIÓN DEL MUNDO POR UN INMONDO BAUTISMO DE LAS PALABRAS MAL COMPRENDIDAS DE JESÚS

50. ¿Cómo entendieron mal los cristianos las palabras de Cristo? Mateo 28:19

51. ¿Qué palabras fueron escritas directamente del dedo de Dios en la Biblia? Éxodo 34: 1

52. Entonces, ¿de dónde viene esta doctrina de la Trinidad?

CONCLUSIÓN

RESUMEN

EN LA MISMA COLECCIÓN DE ESTUDIO BÍBLICO:

EN LA MISMA COLECCIÓN DE ESTUDIO BÍBLICO:

1. *El bautismo de Jesús Cristo, el ANUNCTION del santo de los Santos.*
2. *LA PURIFICACIÓN DEL SANTUARIO, SATANÁS ES CAZADO DEL CIELO.*
3. *EL FIN DEL MUNDO EN LA BIBLIA Y LA SEÑAL DE LA BESTIA, EL " 666 ".*
4. *LA GRAN SEÑAL DE LA BESTIA, LA (666) REVELADA.*
5. *¿CÓMO HAN TOMADO YA LOS HOMBRES LA SEÑAL (666) DE LA BESTIA EN EL FRENTE?*
6. *¿CÓMO HAN TOMADO YA LOS HOMBRES (666) LA SEÑAL DE LA BESTIA EN LA MANO?*
7. *EL MANDAMIENTOS TEN DE DIOS Y salvación en Jesús Cristo.*
8. *LOS TIEMPOS, EL PECADO DE JUDAS EN LA IGLESIA CONTEMPORÁNEA APOSTASIADO.*

9. *¿CUÁLES SON LOS OTROS SIGNOS DE LA BESTIA?*
10. *EL FUNCIONAMIENTO DE LA IGLESIA APÓSTATA.*
11. *PARAÍSO Y ESPERANZA CRISTIANA.*
12. *LA IGLESIA, LOS CRISTIANOS.*
13. *¿ QUIÉN ES EL VERDADERO DIOS?*
14. *¡ HAY UN DIOS!*
15. *¡ HAY UN SEÑOR!*
16. *¡ HAY UN ESPÍRITU!*
17. *¡ SOLO HAY UNA FE!*
18. *¡ HAY UNA ESPERANZA!*
19. *¡ HAY UN CUERPO!*
20. *¡ SOLO HAY UN BAUTISMO!*
21. *EL SELLO DE DIOS EN EL APOCALIPSIS.*
22. *EL SELLO DEL DIABLO EN EL APOCALIPSIS.*
23. *DÍA CUANDO el Vaticano, la gran prostituta, LA MADRE DE LA NECESARIA será destruido.*

24. *Es aquí el gran signo de final de los tiempos, y por el retorno de Jesús Cristo.*
25. *EL MOVIMIENTO ISLÁMICO DESCRITO EN EL LIBRO DEL APOCALIPSIS*
26. *CHURCH el último, el 144000, LA regreso del Señor JESUS CHRIST, y la eternidad.*
27. *VIGÉSIMO SÉPTIMA ESCRITURA: EL TESTIMONIO. VIDA CRISTIANA Y TESTIMONIOS!*

Printed by Books on Demand GmbH, Norderstedt / Germany